BROEDER ZON, ZUSTER MAAN

BROEDER ZON, ZUSTER MAAN

Het leven van Franciscus van Assisi

Margaret Mayo

met illustraties van
Peter Malone

Uitgeverij Christofoor, Zeist

Voor mijn man Peter

MM

Voor Phoebe en Imogen

PM

ISBN 90 6238 722 5
Vertaling: Trees Wissenburg   Vormgeving: Louise Millar
Oorspronkelijke titel: *Brother Sun, Sister Moon. The Story of St Francis*
Oorspronkelijke uitgever: Orion Children's Books, London 1999
Nederlandse rechten: Uitgeverij Christofoor, Zeist 2000
© 1999 Margaret Mayo (tekst)   © 1999 Peter Malone (illustraties)
Gedrukt in Italië

De teksten uit het Zonnelied op bladzijde 64 t/m 67 zijn gebaseerd op: Franciscus van Assisi, *Het Zonnelied. Liederen, gebeden & brieven uit de eigenhandige geschriften*, gekozen en in het Nederlands weergegeven door Leonard Beuger, een uitgave van Vrij Geestesleven, Zeist 1992

Niets uit deze uitgave mag worden verveelvoudigd en/of openbaar gemaakt, door middel van druk, fotokopie, microfilm of op welke andere wijze ook, zonder voorafgaande schriftelijke toestemming van de uitgever.
No part of this book may be reproduced in any form, by print, photoprint, microfilm or any other means, without written permission from the publisher.

Inhoud

De grote, en toch kleine, arme man van Assisi	5
Hoe Franciscus een woeste wolf temde	21
Franciscus praat met de vogels	33
De os, de ezel en het Kind	
Een kerstverhaal	39
Enkele korte verhalen	
Een haas in de val	48
De drukke zwaluwen	50
De speelse vis	53
Het lied van de krekel	56
De aardige valk	59
Broeder zon, zuster maan	63
Sint Franciscus	69

De grote, en toch kleine, arme man van Assisi

Over de hele wereld spreekt men nog steeds over Sint Franciscus, een groot man, die meer dan achthonderd jaar geleden geboren werd in de Italiaanse stad Assisi. De man die afkomstig was uit een rijke familie en toch arm wilde zijn.

Hij was de zoon van een lakenkoopman, die bij de geboorte van zijn zoon in Zuid-Frankrijk was. Toen hij thuiskwam, noemde hij zijn pas geboren zoon enthousiast 'de Fransman' – Francesco in het Italiaans (Frans in het Nederlands).

Francesco groeide op in de tijd van de kruistochten en hij droomde ervan als dappere ridder in een schitterend harnas beroemd te worden. Soms hielp hij zijn vader om wollen stoffen te verkopen op de markt, maar meestal leidde hij een zorgeloos leventje. Zijn ouders gaven hem alles wat hij wenste en hij gaf veel geld uit voor zichzelf en voor zijn vrienden. Hij hield van dure, felgekleurde kleding, viel graag op en was dol op grappen en dwaze streken.

Op een keer had hij van allerlei lappen een mantel laten maken; er zaten oude vodden tussen, maar ook lappen van heel dure stof. Iedereen had het erover!

Samen met zijn vrienden smulde hij van duur eten en wijn. Ze keken naar jongleurs en acrobaten, of luisterden naar zangers en muzikanten – en Francesco, die gek was op zingen, zong vaak mee.

Toen hij twintig was, brak er oorlog uit tussen de steden Assisi en Perugia. In een schitterende wapenrusting en op een fantastisch paard reed Francesco de poort uit, verlangend naar roem en glorie. Maar de strijd was kort. Assisi werd verslagen en Francesco gevangengenomen. Hij bracht een jaar door in een koude, smerige gevangenis. Daar werd hij ziek en hij kwam pas vrij, toen zijn vader een losgeld betaalde.

Na een lang ziekbed hervatte Francesco zijn oude luxe leventje. Toch was hij door zijn ziekte en gevangenschap zo veranderd, dat hij soms op zijn eentje ging wandelen in de bergen, verzonken in gedachten en gebed.

Toen hij op een dag aan het paardrijden was, kwam hij een man tegen die lepra had. Francesco stond op het punt hem een paar munten toe te werpen en gewoon door te rijden, en ineens maakte zich een gevoel van diep medelijden van hem meester. Hij viel op de grond, stopte het geld in de hand van de lepralijder en kuste die hand. Vanaf die tijd bezocht hij regelmatig de kleine leprakolonie buiten Assisi, en bracht er voedsel en kleding naar toe.

Een andere keer, niet lang hierna, was Francesco in de beschadigde kerk van San Damiano, buiten Assisi.

Terwijl hij aan het bidden was, hoorde hij een stem die zei: 'Francesco, mijn kerk gaat ten onder. Red haar voor mij!'

Francesco was gelukkig. Hij wist zeker dat God tegen hem gesproken had. Hij ging gauw naar huis, hees een paar balen wol van zijn vader op een paard en reed naar de nabijgelegen stad Foligno. Daar verkocht hij de wol en ook het paard.

Francesco liep terug naar San Damiano, ging naar de priester en schonk hem een beurs met geld. De priester wilde het niet hebben omdat het geld van Francesco's vader was. Geheel van streek en teleurgesteld gooide Francesco de beurs in een vensternis en ging weg.

Zijn vader was woedend toen hij hoorde wat zijn zoon gedaan had en uiteindelijk ging Francesco het huis uit en leefde in de open lucht, sliep in grotten en bedelde om te kunnen eten. Ten slotte klaagde zijn vader hem aan wegens diefstal, en Francesco werd opgeroepen te verschijnen voor het hof van de bisschop van Assisi.

Francesco kwam aan bij het gerechtshof met de beurs met geld in zijn hand. Hij was teruggegaan naar San Damiano, waar het geld nog steeds in de vensternis lag.

Kalm legde hij de beurs voor de voeten van zijn vader en wat er toen gebeurde, verbaasde iedereen: hij trok zijn kleren uit en legde die naast het geld!

'Ik heb alles teruggebracht', zei Francesco. 'En nu heb ik nog maar één Vader en die woont in de hemel.'

Zijn vader zei niets, en dat zou hij helaas ook nooit meer tegen Francesco doen. De bisschop echter sloeg zijn mantel om Francesco en droeg een bediende op wat oude kleren voor hem te halen.

Toen Francesco het bisschoppelijk paleis verliet,

besefte hij dat hij aan een nieuw leven was begonnen. Nu zou hij dan toch ridder worden, een ridder in dienst van Jezus, zijn Koning. Het had gesneeuwd, en toen hij door de bossen bij Assisi liep, was hij zo gelukkig dat hij een van zijn lievelingsliederen begon te zingen.

Twee jaar lang was hij, behalve met het verzorgen van de lepralijders, bezig met het herstellen van drie zwaar beschadigde kerken. Hij deed alles zelf en bedelde om stenen en alles wat hij verder nodig had. Hij woonde alleen en bad veel. Hij bestudeerde de zon, de maan en de sterren, de wind en de regen, de bomen en de bloemen en koesterde een bijzondere liefde voor alle vogels en dieren, vissen en insecten. Hij noemde ze zijn broeders en zusters.

Eén van zijn lievelingsvogels was de leeuwerik.

'Jij bent een onopvallend vogeltje, zuster leeuwerik', zei hij. 'Je veren zijn dof en hebben de kleur van de aarde. Maar als je vliegt, dan zing je het mooiste en lieflijkste lied.'

Een keer hoorde Francesco in de kerk een priester iets uit de bijbel lezen, over Jezus die zei: *'Ga en vertel iedereen het blijde nieuws over God. Ga met z'n tweeën. Neem niets mee. Geen geld. Geen extra kleren of eten. Schoenen hoef je niet te dragen en een stok heb je niet nodig.'*

Francesco besefte meteen dat hij zo moest leven. Het was 24 februari 1208 en hij was 26 jaar. Vanaf dat moment liep Francesco blootsvoets en droeg een lange grove pij, met een touw om zijn middel. Hij ging naar het marktplein in Assisi en begon te praten over God. En in de loop van de dag stonden steeds meer mensen stil om te luisteren.

Binnen een paar weken vroegen drie mannen of zij met hem mee mochten en hij vond het goed. Maar eerst moesten ze alles verkopen wat ze bezaten en hun geld geven aan de armen. Bernard, één van hen, was echt erg rijk.

Ze moesten dezelfde kleren als Francesco dragen. Voor hun eten en kleding moesten ze de handen uit de mouwen steken, of uit bedelen gaan. 's Nachts sliepen ze in hutjes van gevlochten takken, in grotten of onder de blote hemel.

Ze brachten veel tijd door met bidden en ze bezochten steeds met z'n tweeën steden en dorpen in de buurt en spraken over Gods liefde en vergevensgezindheid.

Na een jaar had Francesco elf metgezellen. Samen schreven zij een paar regels op over hoe zij wilden leven. Daarna liepen ze naar Rome, waar ze de paus ontmoetten, die zijn goedkeuring aan hun levenswijze gaf.

Francesco noemde hun groep de *minderbroeders*, in de betekenis van: minder belangrijke broeders. Hij wilde geen grootse, interessant klinkende naam. Het aantal metgezellen, of broeders, groeide gestaag en algauw reisden zij verder – naar Spanje, Duitsland en Noord-Afrika. Eén keer reisde Francesco zelf naar Egypte. Bij die gelegenheid zag hij kruisvaarders vechten en hij was ontzet over de moordpartijen en de oorlogsellende.

In 1212 verliet een achttienjarig meisje, Vrouwe Clara, dochter van een edelman, haar huis in Assisi. Ook zij wilde een levenswijze met gebed en armoede en Francesco heette haar welkom. Ze kreeg net zo'n pij als hij en haar lange haar werd afgeknipt. Daarna ging zij wonen in een huis met een tuin dichtbij de kerk van San Damiano, die Francesco weer had opgebouwd.

Spoedig voegden zich andere vrouwen bij haar. In die tijd konden vrouwen niet, zoals Francesco deed, vrij reizen of spreken in het openbaar. Daarom leidden zij een teruggetrokken leven, en brachten de dag door met bidden en werkten in de tuin. Francesco noemde Clara en de andere vrouwen 'de arme dames', en er zijn nu nog steeds vrouwen die leven zoals zij. Zij staan bekend als de *clarissen*.

Uiteindelijk was Francesco zo geliefd dat de kerkklokken werden geluid als hij in een stad of dorp kwam.

Kinderen klapten in hun handen en zwaaiden met takken, mensen renden op hem af en probeerden hem aan te raken.

Zijn begroeting was altijd: 'God geve u vrede.'

En dan sprak hij eenvoudig en helder in een taal die iedereen kon begrijpen.

Zelfs toen hij beroemd was en er honderden broeders waren, was hij nog steeds dezelfde Francesco in zijn ruwe opgelapte pij. Francesco, de man die van vrede hield, uren doorbracht in gebed en die zichzelf de voorvechter van Vrouwe Armoede noemde. De man die van zingen en van grappen maken hield en zo graag zijn vrienden plaagde.

De laatste jaren van zijn leven was Francesco vaak ziek. Hij had veel pijn en werd langzamerhand blind. Hij stierf in 1226, nog geen 45 jaar oud.

Men zegt dat op de dag dat Francesco stierf een vlucht leeuweriken laag cirkelden boven het dak van het onderkomen waar hij lag en dat ze prachtig zongen.

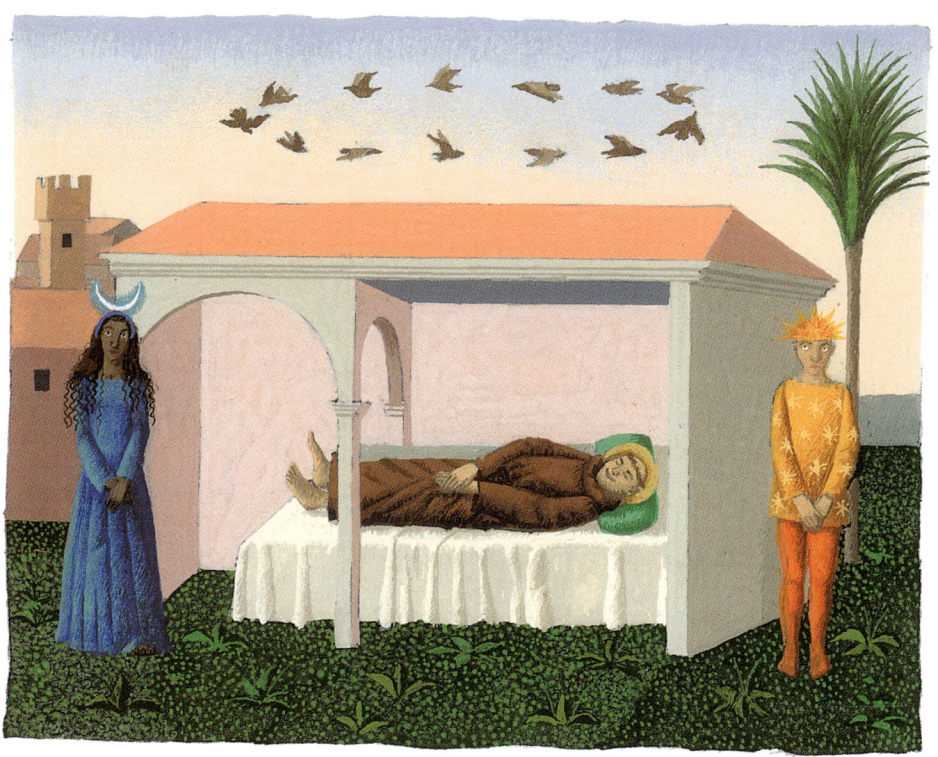

Hoe Franciscus
een woeste wolf temde

Ooit doolde een grote woeste wolf rond in de heuvels bij de stad Gubbio in Italië. De wolf was ontzettend hongerig en doodde en verslond behalve dieren ook mensen.

Iedereen was doodsbang voor hem en omdat hij vaak helemaal tot aan de stadsmuur kwam, voelde niemand zich veilig: de kinderen die buiten speelden niet, de druivenplukkers in de wijngaard niet, de boer in de olijfboomgaard niet en zelfs de houthakker in het bos niet.

Er brak een moment aan dat niemand zich meer ongewapend buiten de stad waagde, alsof het oorlog was. Maar de wolf was sluw en snel, en zelfs gewapend was het onmogelijk aan zijn scherpe tanden en wrede klauwen te ontsnappen.

De mensen konden alleen nog maar praten over de wolf. Zelfs 's nachts konden ze hem niet vergeten, omdat hij luid en langdurig huilde, en het waren niet alleen de kinderen die de dekens over hun oren trokken.

En toen kwam Franciscus met één van zijn minderbroeders naar Gubbio. Franciscus kreeg meteen het verhaal van de wolf te horen, en hij werd verdrietig en voelde een diep medelijden met de doodsbange mensen.

'Ik moet gaan praten met broeder wolf', zei hij, tot grote ontsteltenis van iedereen.

'Nee, doe dat niet!' zeiden de mensen.

'Ga de poort niet uit, broeder Franciscus! Anders maakt de wolf je dood!'

'Wees niet bang. Onze Schepper zal op mij passen', zei Franciscus. En zonder zelfs een stok mee te nemen om zich te verdedigen, beende hij met grote passen weg.

De broeder haastte zich achter hem aan en probeerde hem bij te houden, en een paar moedige jonge boeren volgden. Maar toen de mannen eenmaal buiten de stad waren, zonk de moed hun in de schoenen en bleven ze achter. Doodsbang waren ze.

Franciscus keek om. 'Blijf hier wachten', zei hij. 'Ik ga verder om de wolf te zoeken.' Hij stapte weg met de broeder op zijn hielen, die zijn best bleef doen om hem bij te houden!

Intussen stonden mannen, vrouwen en kinderen op

de stadsmuur, in de bomen en op de daken met open mond te kijken, met één bange vraag op de lippen... wat zou er gaan gebeuren?

En toen... was er opeens een warreling van grijs bont, een flits van witte tanden, en daar kwam de wolf met grote sprongen, zowat vliegend, de heuvel afgerend.

Onbeweeglijk stond Franciscus hem op te wachten. Hij deed zijn hand omhoog en maakte het kruisteken. Een ogenblik aarzelde de wolf, bedacht zich even, deed zijn wrede kaken op elkaar en minderde vaart.

Franciscus riep: 'Kom hierheen, broeder wolf! En doe mij, of wie dan ook, geen pijn. Ik zeg je dit uit naam van Christus.'

En toen gebeurde er iets verbazingwekkends. De grote woeste wolf liep naar Franciscus toe, boog zijn kop en ging languit liggen met zijn kop tussen zijn poten.

'O broeder wolf...' zuchtte Franciscus. 'Je hebt zulke verschrikkelijke dingen gedaan. Ik weet wel dat je honger had, maar je doodde maar en doodde maar. Iedereen heeft nu een hekel aan jou en wil van je af. Maar ik wil dat het vrede wordt tussen jou en de anderen.'

Na deze woorden tilde de wolf zijn hoofd op en spitste zijn oren. Franciscus ging verder: 'Eerst moet je me laten zien dat je spijt hebt over wat je gedaan hebt, broeder wolf.'

En de wolf knikte. Hij bewoog zijn oren op en neer en sloeg met zijn staart.

'Goed zo', zei Franciscus. 'Ik beloof jou dat de bevolking van Gubbio je iedere dag genoeg eten zal geven, als jij belooft nooit meer een levend wezen pijn te doen, of het nou een dier is of een mens. Afgesproken?'

De wolf knikte. Franciscus stak zijn rechterhand uit en de wolf zijn linkerpoot en zij schudden plechtig en ernstig elkaars hand en poot.

'Kom met mij mee de stad in', zei Franciscus. Hij glimlachte. 'Je hoeft niet bang te zijn, broeder wolf.'

En hij stapte weg, met de wolf als een mak lam aan zijn zijde en met de broeder op de hielen, nog steeds zijn best doend om hem bij te houden!

En hoe was het in Gubbio? Daar heerste grote opwinding. Tegen de tijd dat Franciscus en de wolf op het marktplein aankwamen, was het daar vol met mensen die hun nek uitstaken en op en neer sprongen, allemaal omdat ze Franciscus en de wolf wilden zien.

'Stilte, lieve mensen van Gubbio!' zei Franciscus en onmiddellijk was het stil. 'Er is goed nieuws! Broeder wolf wil zijn diepe spijt betuigen over al de verschrikkelijke dingen die hij gedaan heeft. En nog meer goed nieuws! Hij belooft nooit meer een levend wezen pijn te doen als jullie beloven hem elke dag genoeg te eten te geven. Ik weet dat ik nogal wat vraag, maar willen jullie hem alsjeblieft vergeven? Willen jullie hem vriendelijk behandelen en hem te eten geven?

Als uit één mond, riepen ze Franciscus toe: 'Dat beloven we, broeder Franciscus, dat beloven we!'

'Broeder wolf', zei Franciscus, 'laat zien dat je heel erg veel spijt hebt en doe je belofte nog een keer, ten overstaan van allemaal.'

En de grote woeste wolf ging languit op de grond liggen, knikte met zijn kop, bewoog zijn oren op en neer en sloeg met zijn staart, alsof hij, 'het spijt me' zei.

Franciscus stak zijn rechterhand uit en de wolf tilde zijn linkerpoot op en nog een keer schudden zij elkaars hand en poot.

Wat was iedereen blij! En weer steeg een luid gejoel op, bijna tot in de hemel. Kinderen dansten en hosten, terwijl ze wild in hun handen klapten. Mannen zwaaiden met hun armen door de lucht en vrouwen knuffelden hun baby's.

'Dank je wel, broeder Franciscus', riepen ze. 'Veel dank en lof voor onze Vader in de hemel omdat Hij u gezonden heeft!'

Een paar dagen later verlieten Franciscus en zijn medebroeder Gubbio. Er waren nog meer dorpen en steden waaraan ze een bezoek moesten brengen.

Maar de wolf en de inwoners van Gubbio hielden zich aan hun vredesakkoord. De wolf deed niemand pijn en niemand deed hem pijn. Hij liep los en kwam overal aan de deur als een tam huisdier. Iedereen vond het leuk om hem te zien en hij kreeg veel te eten. En wat nog het meeste opviel was, dat er geen enkele hond blafte of gromde als hij langsliep!

Toen de wolf ten slotte oud werd en stierf, was iedereen verdrietig, vooral de kinderen. Want zij waren steeds meer van broeder wolf gaan houden.

Jaren gingen voorbij, maar nooit vergaten zij hoe de aardige Franciscus de woeste wolf temde. Ze vertelden het verhaal vele malen aan hun kinderen en aan hun kleinkinderen... en dit prachtige, opmerkelijke verhaal is blijven bestaan tot op de dag van vandaag.

Franciscus praat met de vogels

Op een ochtend ging Franciscus in alle vroegte met een paar minderbroeders op reis. Het was een prachtige dag, zij gingen van het pad af en volgden slingerende paadjes – ze passeerden wijngaarden met uitlopende wijnranken, kwamen door zilvergroene olijfboomgaarden en liepen langs akkers met pas opschietend graan.

Ze kwamen bij een grazige weide, met hier en daar een struik en wat bebossing langs de rand. En er waren een heleboel vogels. Ze zaten op het gras, in de bomen en onder de struiken. Het waren allerlei soorten vogels, onder andere leeuweriken, duiven, kraaien, kauwen en zwaluwen. Het leek er bijna op of ze op iemand zaten te wachten.

Franciscus was dol op vogels en daarom rende hij enthousiast op ze af. De vogels vlogen niet op. Ze verroerden geen veer en waren niet bang.

De broeders waren stomverbaasd en dat was

Franciscus ook, toen hij stil bleef staan en om zich heen keek!

'Mijn kleine zusters', zei hij. 'Stil...' En de vogels draaiden hun kopje naar hem toe alsof ze luisterden. 'Mijn lieve kleine zusters, jullie hebben zoveel gekregen. Vergeet dat niet! Het is fantastisch, hoe jullie zijn gemaakt. Veren om warm te blijven, vleugels om overal naar toe te vliegen. En overal om je heen is zomaar eten. Je hoeft niet te graven en zaadjes te planten. Om te bedanken voor dit alles, zou je op elke plek een loflied moeten zingen voor je Schepper.'

De vogels openden hun bekje en fladderden met hun vleugels terwijl ze Franciscus ademloos aanstaarden.

Rustig en bedachtzaam liep Franciscus tussen de vogels, beroerde hun kopje en streelde hun vleugels. Sommige vlogen naar hem toe en streken neer aan zijn voeten, andere fladderden om hem heen of kwamen op zijn schouder zitten of op zijn arm.

Ten slotte hief hij een hand op en sloeg een kruis. 'Vlieg verder, kleine zusters', zei hij. 'Maar vergeet niet je loflied te zingen, waar je ook bent!'

En de vogels sloegen hun vleugels uit en vlogen weg, hoger en hoger, een heerlijke warreling van vleugels en veren.

Franciscus liep terug naar de broeders die hadden staan toekijken. 'Dit is de eerste keer van mijn leven dat ik met onze zusters, de vogels, praatte', zei hij. 'Maar het zal niet de laatste keer zijn. Ik denk dat ze mij hebben begrepen.'

De broeders knikten instemmend.

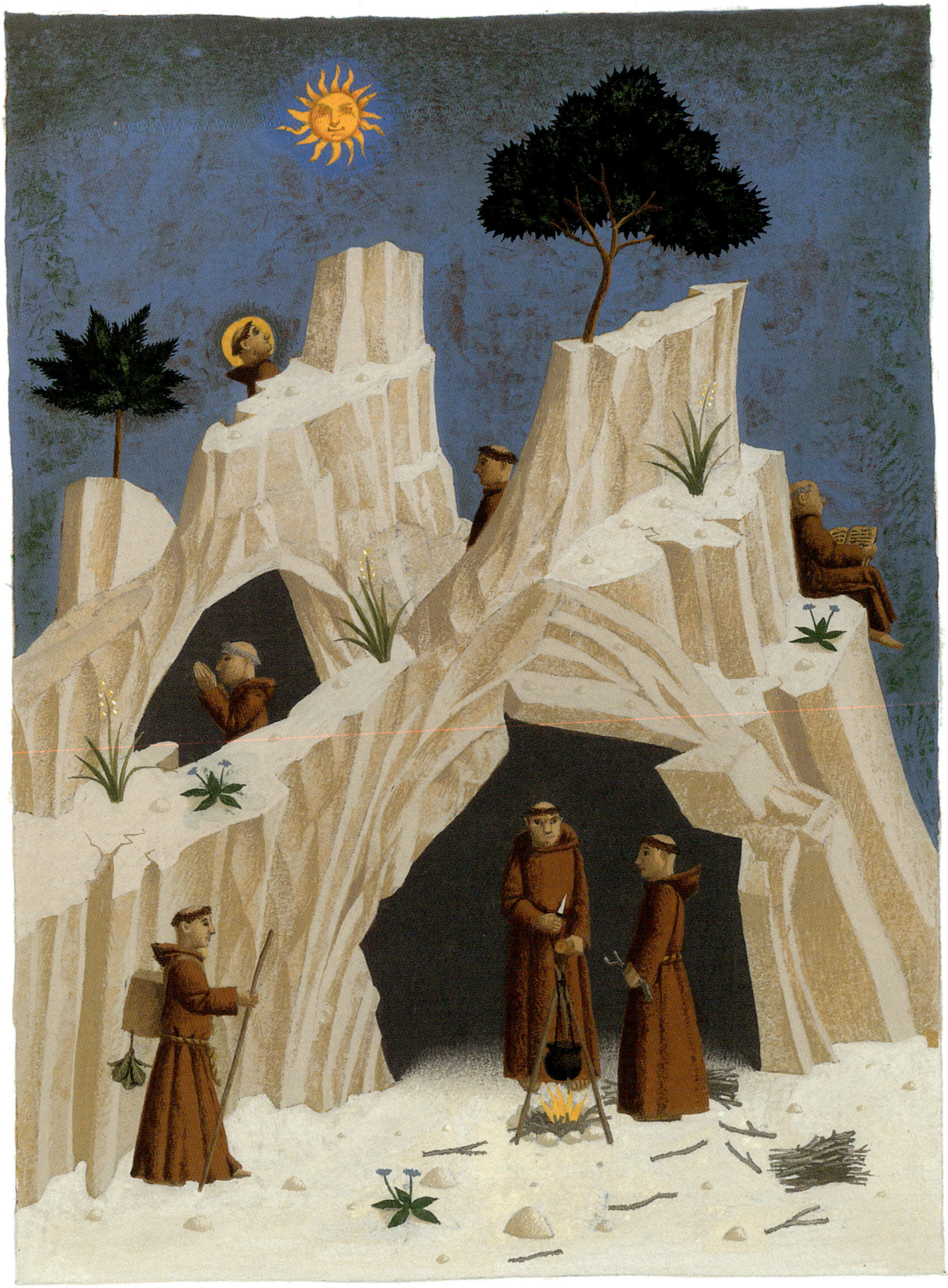

De os, de ezel en het Kind
Een kerstverhaal

Franciscus deed nogal eens iets onverwachts. Hij zat vol verrassingen en één van de mooiste en ontroerendste vond plaats in de kersttijd, ongeveer drie jaar voor zijn dood.

Franciscus woonde toen met enkele broeders in een paar grotten in de heuvels bij het stadje Greccio. Het was bijna Kerstmis, zijn lievelingsfeest. Hij noemde het altijd het feest der feesten.

Franciscus zat te denken aan de geboorte van Jezus.

Ik wou dat ik kon laten zien hoe het toen werkelijk was, dacht hij, zodat iedereen weet heeft van de armoedige, nederige plek waar het kind van Bethlehem geboren is. Niet in een paleis, maar in een stal. Opeens lichtten zijn ogen op. Hij wist wat hij ging doen...

Franciscus was ziek geweest en had dikwijls veel pijn, dus hij wendde zich tot Johannes, een broeder die een erg goede vriend van hem was. 'Ik heb je hulp nodig', zei Franciscus. 'Voor iets heel bijzonders. Ik vraag je om op kerstavond...' en Franciscus legde hem zijn plannetje voor. 'Maar houd het geheim. Het moet een verrassing blijven.'

Op kerstavond klopte Johannes aan bij een oude

boer. 'Mag ik je os lenen?' vroeg hij. 'Broeder Franciscus heeft hem vannacht nodig, voor iets bijzonders.'

'Voor Franciscus mag je alles lenen', zei de oude man, die als zoveel mensen heel veel van Franciscus hield.

'Mag ik je ezel dan ook lenen? En wat hooi en de voerbak?' zei Johannes.

'Zeker', zei de oude man. 'Maar waarvoor heeft hij het nodig? En nog wel deze avond. Het is immers kerstavond?'

Johannes hield een vinger voor zijn mond. 'Het is een geheim. Een grote verrassing', fluisterde hij. 'Kom naar de nachtmis in de kerk midden in het bos en je zult het zien.'

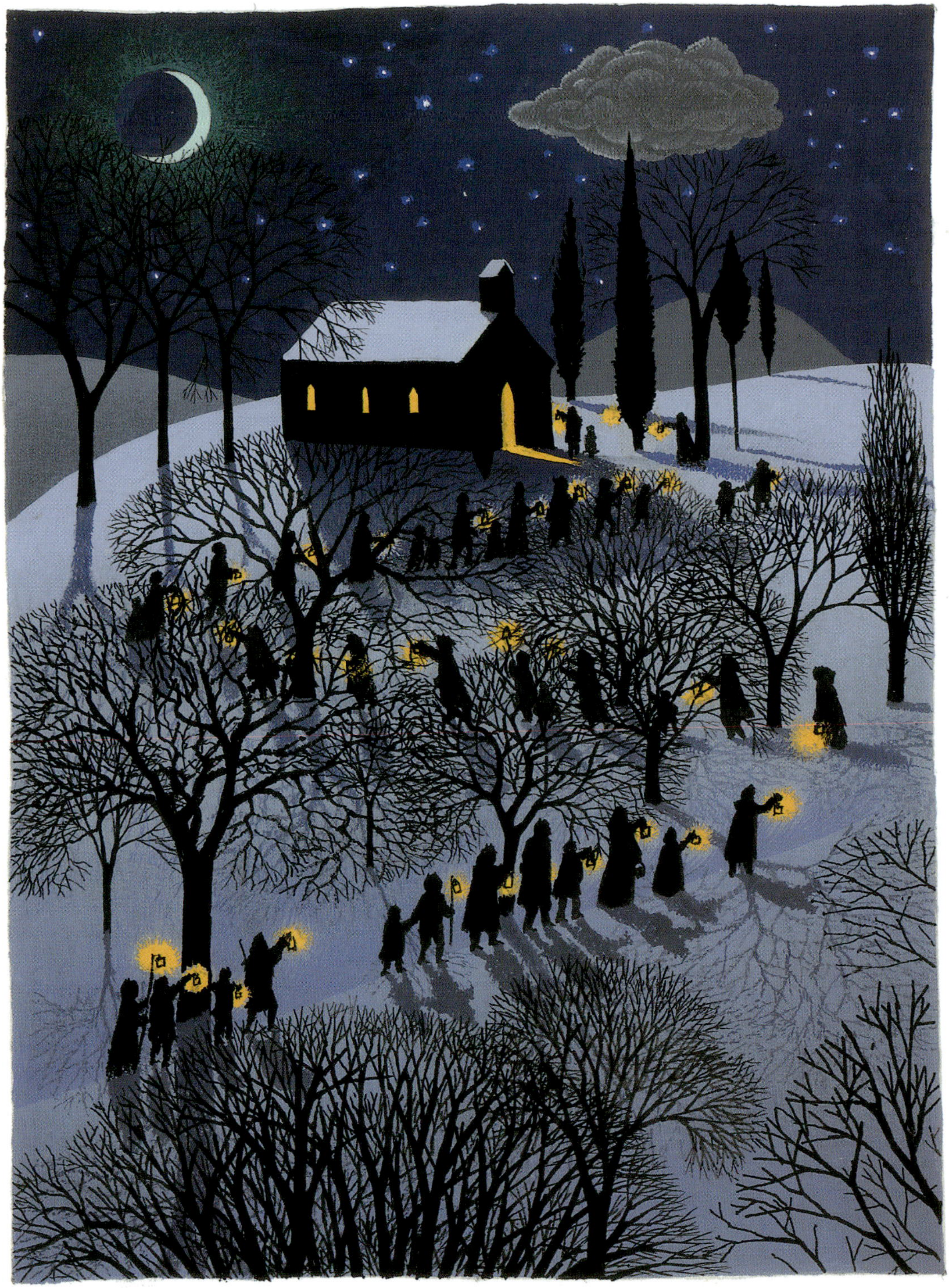

Zo werd de voerbak van de beesten vol met hooi op de rug van een kleine ezel gehesen en daar ging Johannes met de ezel aan de leiband en een zware os voor hem uit.

En het nieuwtje verspreidde zich die dag als een lopend vuurtje door de stad.

Een grote verrassing… vannacht… De nachtmis in het kerkje midden in het bos… Franciscus zal er zijn.

Die avond laat vlogen de deuren open en werden daarna weer hard dichtgeslagen. Jong en oud kwamen al huppelend, schuifelend en strompelend uit de huizen, en iedereen had een kaars of fakkel bij zich om de donkere nacht te verlichten.

Lachend en zingend baanden zij zich een weg door het bos. Eén voor één betraden ze de kerk. En hun adem stokte: 'O!' Wat een verrassing!

In de kerk stond een kribbe, vol met hooi, en daarnaast een zware os en een kleine ezel. Vlakbij stond Franciscus, dun en broos in zijn bruine opgelapte pij, met een liefdevolle glimlach naar de kribbe te kijken, alsof het kind Jezus erin lag.

De viering begon. De priester droeg de mis op bij de kribbe. En Franciscus zong met zijn prachtige heldere stem de woorden van het evangelie over de geboorte van Jezus. Toen hij klaar was, sprak hij over het kind van Bethlehem, over de nieuwe Koning.

'Hij is niet in een paleis geboren, maar in een stal', zei Franciscus. 'Kijk goed en vergeet het nooit. Hij was arm en eenvoudig.'

Voor de mensen in de kerk was het alsof er echt een kind in het hooi lag, in de eenvoudig in elkaar getimmerde kribbe, net zoals lang geleden in Bethlehem.

En zo eindigde deze nachtelijke viering: jong en oud liepen terug door het bos, vervuld van verwondering, vreugde en vrede.

Franciscus' aangrijpende, mooie verrassing is sindsdien op verschillende manieren nagedaan. Tegenwoordig staat overal met Kerstmis wel ergens een levende kerststal opgesteld om de armoedige en nederige geboorte van het kindeke Jezus zo echt mogelijk te doen lijken.

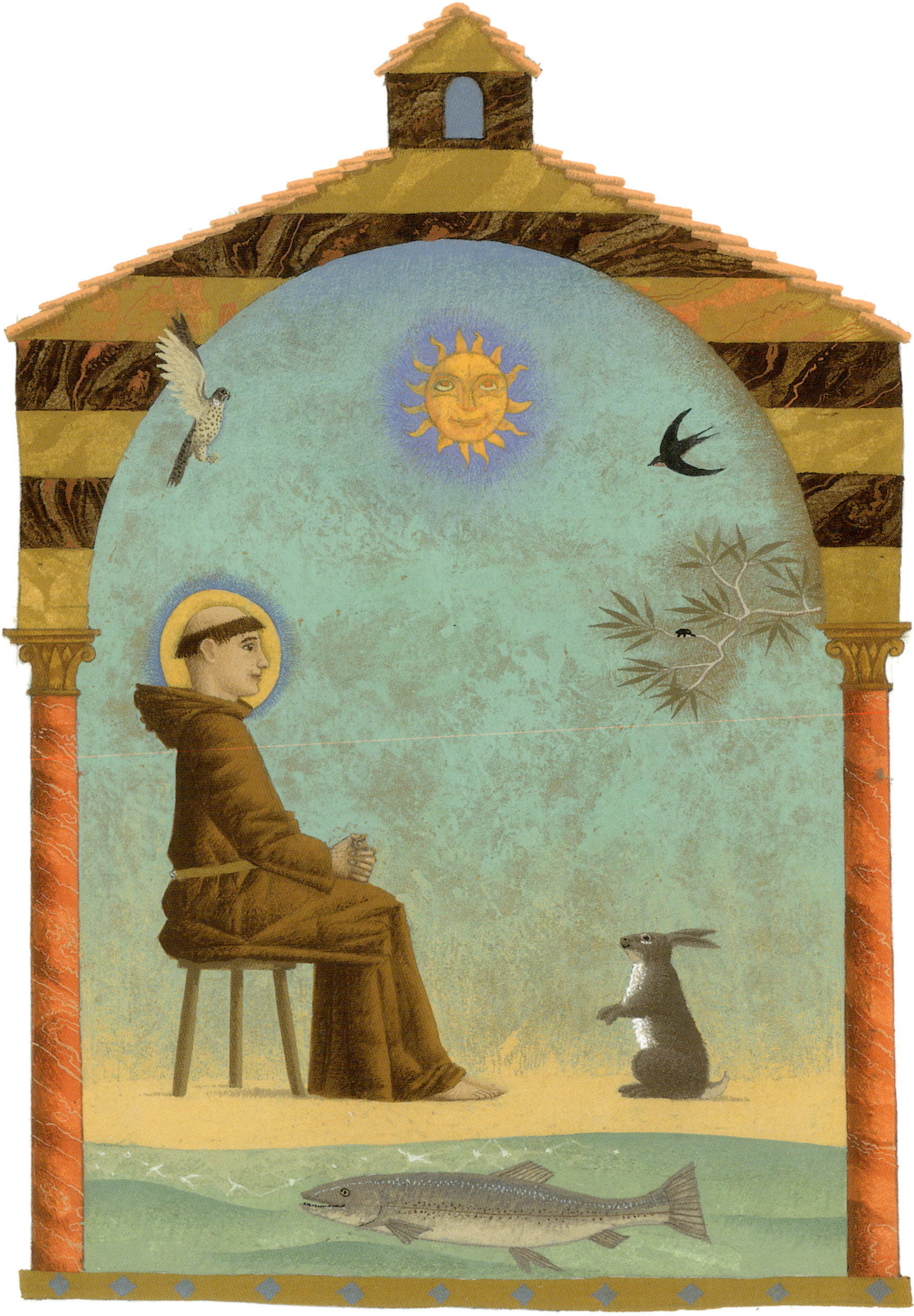

Enkele korte verhalen

Een haas in de val
48

De drukke zwaluwen
50

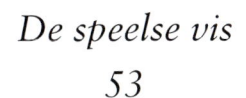

De speelse vis
53

Het lied van de krekel
56

De aardige valk
59

Een haas in de val

Op een dag vond een broeder, toen hij aan het wandelen was in het bos, een haas die gevangen zat in een strik. Hij boog zich voorover en bevrijdde de haas voorzichtig. Maar de haas was zo geschrokken dat hij stil bleef liggen, en daarom tilde de broeder hem op en bracht hem naar Franciscus.

'Ach, lieve broeder haas', prevelde Franciscus en hij sloeg zijn armen om het bange beestje en hield hem tegen zich aan. 'Ik vond je zo'n slim broertje. Maar één sprong en je zat vast in een strik. Hoe komt het dat je daar bent ingetrapt?'

Franciscus streelde zijn zachte velletje en het haasje

ging lekker tegen hem aanliggen. 'Voel je je nu beter?' vroeg hij. 'Heus? Nou dan, huppetee, terug het bos in. Leef vrij en blij en pas op voor de vallen! Laat je niet strikken!'

Heel voorzichtig zette hij het haasje op de grond. Maar – met één sprong was hij weer terug in Franciscus' armen. En weer zette hij hem op de grond en weer sprong hij terug. Voor de derde keer zette hij hem neer en voor de derde keer sprong hij terug.

'Ik denk dat je pas weggaat, als ik uit het zicht ben', zei Franciscus. 'Misschien is het een idee om de broeder die jou gevonden heeft te vragen je terug in het bos te zetten...'

En dat deed de broeder. Ten slotte sprong de haas weg, met weer veel zin om vrij en blij te leven.

De drukke zwaluwen

Eens op een avond verzamelde zich een grote menigte op een marktplein. Franciscus was naar de stad gekomen en iedereen wilde hem zien, en horen wat hij te zeggen had.

Franciscus was niet bepaald groot en daarom was hij op de bovenste tree van een trap gaan staan, zodat iedereen hem kon zien. Hij deed zijn arm omhoog en de menigte werd stil.

'Lieve broeders en zusters, God zij met u', begon hij. En toen hield hij op. Hij kon zijn eigen woorden niet verstaan. En de mensen op het plein konden dat al evenmin.

In de avondschemering had een groepje zwaluwen zich verzameld op het marktplein. Sommige zwaluwen cirkelden rond, maakten een duikvlucht en schreeuwden, terwijl andere aan één stuk door kwetterden en druk heen en weer vlogen om hun nesten te bouwen. Wat een lawaai!

Franciscus keek op en tuurde naar de zwaluwen.

'Lieve zusters! Houd je mond eens!' riep hij uit. 'Ik ben aan de beurt! Jullie hebben je zegje gedaan!'

Onmiddellijk vlogen de zwaluwen, die aan het duiken en rondjes vliegen waren, naar beneden en streken neer op de daken en de andere hielden op met kwetteren en nesten bouwen. Alle zwaluwen waren stil, doodstil.

En toen begon Franciscus te praten over God en hoe mensen moeten leven. Hij sprak in eenvoudige taal zoals altijd en van het luisteren alleen al voelde iedereen zich gelukkig

Toen hij uitgesproken was, fluisterde men tegen elkaar: 'Broeder Franciscus moet wel een heilige zijn. Want alleen een heilige krijgt de drukke zwaluwen stil.'

Toen hij wilde vertrekken, drong iedereen naar voren en probeerde hem aan te raken, deze heel bijzondere man – broeder Franciscus.

De speelse vis

Op een dag zag Franciscus, die met een bootje op het meer was, een visser die net een behoorlijk grote vis had gevangen.

'Die is voor jou, broeder Franciscus! Een cadeautje!' zei de visser en hij overhandigde hem de vis, die erg spartelde en met zijn staart sloeg.

Franciscus was verrukt. Hij bedankte de visser voor zijn gulheid en hield de hevig spartelende vis stevig vast.

'Broeder vis', zei Franciscus. En er was een glimlichtje in zijn ogen. 'Prachtige broeder vis, wees niet bezorgd. Ik was niet van plan je op te eten. Nee hoor, want jij hoort in het water.'

Franciscus boog zich over de rand van de boot en liet hem in het meer glijden.

Toen begon Franciscus gewoontegetrouw te bidden. En intussen sprong de vis uit het water en dook er weer in.

Erin en eruit; zo volgde hij op speelse wijze voortdurend de boot.

Zodra Franciscus klaar was met bidden, deed hij zijn ogen open. 'Ben je er nog steeds, broeder vis?' zei hij. 'Wist je niet dat het tijd was om naar huis te gaan?'

En zo verdween de speelse vis met een laatste duik naar de diepte.

Het lied van de krekel

Naast het kleine hutje waarin Franciscus wel eens sliep, stond een oude vijgenboom en elke dag zat er op dezelfde tijd een krekel op een tak te sjirpen.

Op een keer hield Franciscus zijn hand op en zei: 'Zuster krekel, kom eens hier.'

En de krekel hupte op zijn hand.

'Zuster krekel, zing eens een vrolijk lied voor je Schepper.'

De krekel begon te sjirpen en Franciscus, die dol was op zingen, deed mee. En zo zongen ze een duet.

Toen ze lang genoeg gezongen hadden, glimlachte

en knikte Franciscus en de krekel hupte van zijn hand, terug naar de vijgenboom.

    Voortaan wachtte Franciscus iedere dag of de krekel zich liet zien op een van de takken van de vijgenboom. De krekel hupte dan op zijn hand en ze zongen samen hun duet.

Het zingen trok veel bekijks bij de andere broeders. Maar na zeven dagen zei Franciscus: 'Zuster krekel, ik moet je nu toch echt toestaan weer verder te gaan met je eigen leven. We hebben veel plezier aan jou beleefd. Maar het is genoeg geweest! Tot ziens, kleine zuster! Tot ziens!'

En de krekel sprong weg en niemand heeft haar ooit nog gezien in die oude vijgenboom.

De aardige valk

In de laatste paar jaar van zijn leven leed Franciscus veel pijn en was hij vaak moe en ziek. Maar hij hield er nog steeds van om rustige afgelegen plekjes op te zoeken, waar hij ongestoord kon bidden en nadenken.

Toen hij een tijdje alleen woonde in een hutje boven in de bergen, sloot hij vriendschap met een valk, die daar een nest aan het bouwen was. Het leek net alsof ze elkaar konden verstaan. Meestal werd Franciscus 's morgens vroeg wakker, als het nog donker was. Hij begon dan met een gebed en terwijl hij dat deed, klapperde de valk met zijn vleugels.

Soms – heel soms – versliep Franciscus zich.

Dan riep de valk heel hard en maakte hem zo wakker. Dat vond Franciscus erg leuk.

'Omdat ik broeder valk nu heb om mij te wekken', zei hij, 'heb ik geen enkel excuus meer om te blijven liggen, behalve doodgewoon luiheid!'

En toen gebeurde er iets vreemds. Op een nacht was Franciscus ziek. Hij had vreselijk veel pijn, zuchtte en kreunde en versliep zich de volgende morgen. Maar de valk wekte hem niet op de gebruikelijke tijd. Hij wachtte tot de zon op was en riep hem toen pas.

'Wat ben je toch aardig voor mij', zei Franciscus. 'Jij vond natuurlijk dat ik extra slaap nodig had, nietwaar?'

De valk klapperde met zijn vleugels.

'Ja, ik weet het', zei Franciscus. 'Het is tijd voor het gebed!'

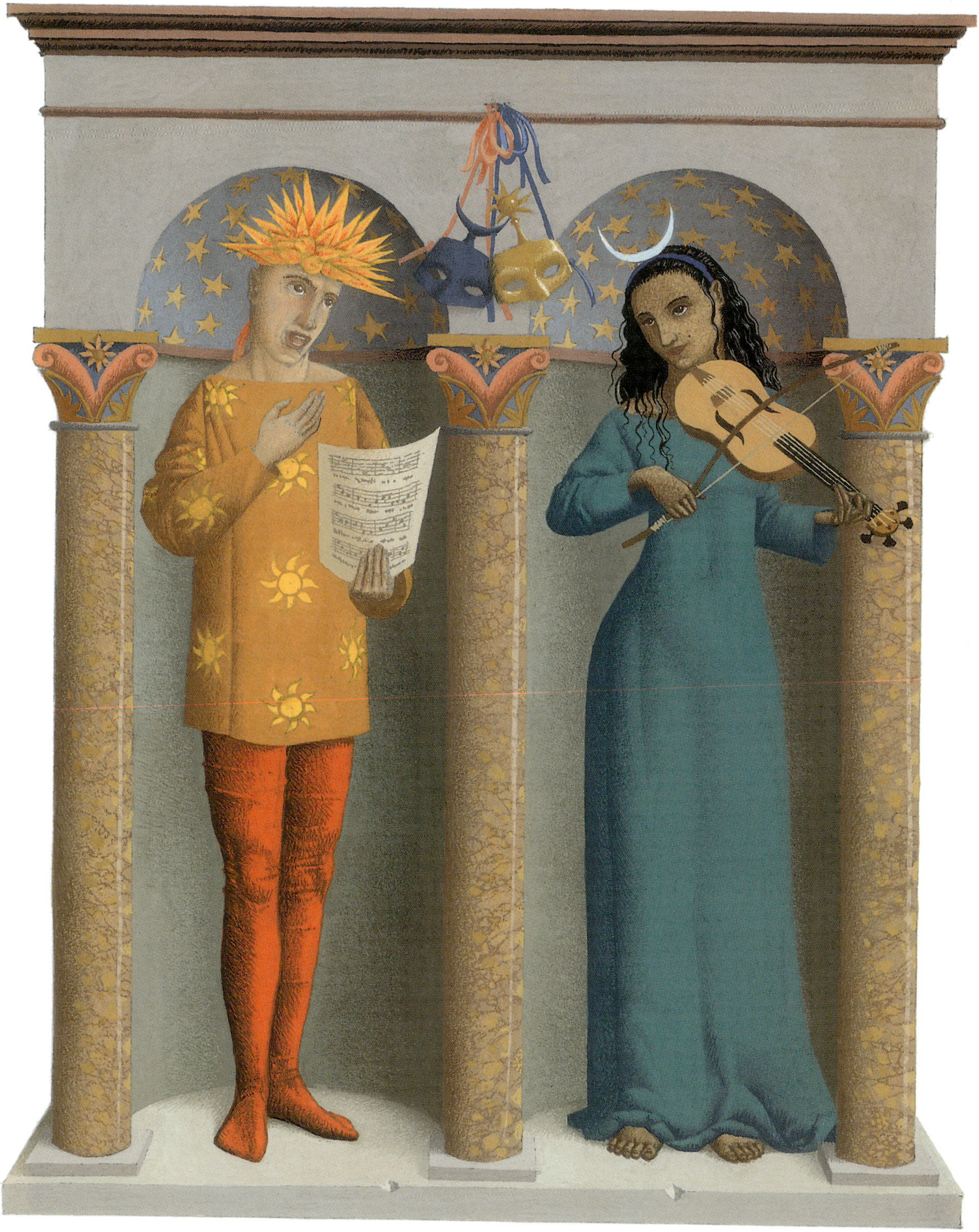

Broeder zon... zuster maan

Niemand zou kunnen denken dat het opgewekte Zonnelied door Franciscus geschreven werd tijdens zijn laatste ziekbed, in het jaar voordat hij stierf. Hoewel hij ontzettend veel pijn had, maakte hij muziek op de woorden en vroeg dringend aan zijn medebroeders het lied zoveel mogelijk en overal te zingen.

Broeder zon... zuster maan

Hoogste, almachtige, goede Heer,
 U zij lof en roem en eer en alle zegen
 Wees geloofd, mijn Heer, met al Uw schepselen...

Wees geloofd, mijn Heer, om zuster maan en om de
 sterren, die Gij aan de hemel hebt geschaard,
 helder, kostelijk en schoon.

Wees geloofd, mijn Heer, om broeder wind,
 om lucht en wolken en het mooie weer, om ieder
 weer waardoor Gij Uw schepselen onderhoudt.

Wees geloofd, mijn Heer, om zuster water,
 zo nuttig en nederig, kostelijk en kuis.

Wees geloofd, mijn Heer, om broeder vuur,
   door wie Gij de nacht verlicht;
   mooi is hij en vrolijk en machtig en sterk!

Wees geloofd, mijn Heer, om onze zuster,
   moeder aarde, die ons voedt en ons behoedt
   en velerlei vruchten draagt, bonte bloemen ook en groen.

Loof en zegen mijn Heer
en dank en dien Hem
in grote deemoed.

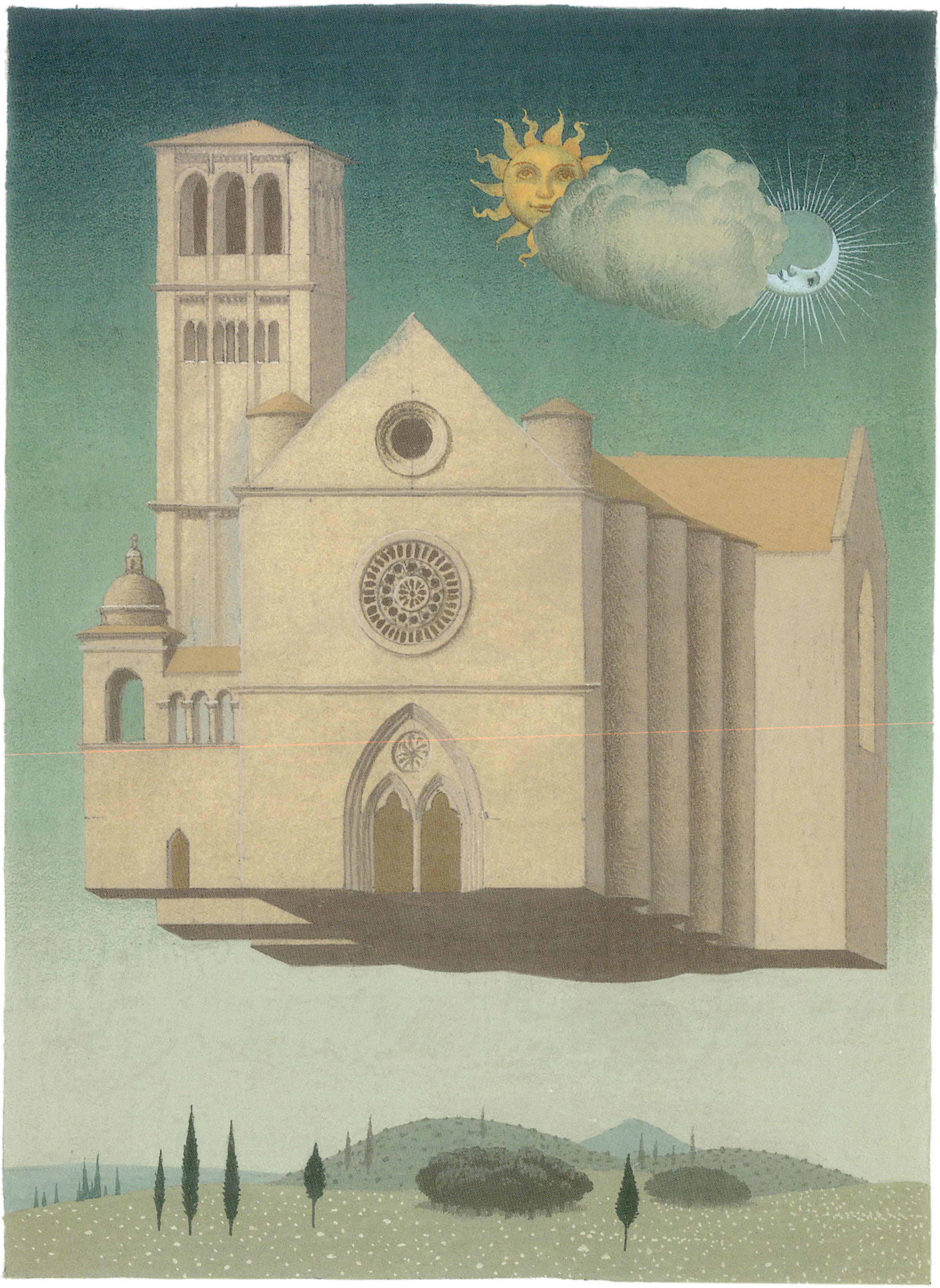

Sint Franciscus
1181-1226

Tegen het eind van zijn leven was Franciscus zo geliefd en werd hij zo bewonderd dat na zijn dood algauw werd besloten dat het verhaal van zijn opmerkelijke leven opgeschreven moest worden. Binnen drie jaar had broeder Thomas van Celano het levensverhaal over Franciscus voltooid. Een paar andere boeken volgden niet lang daarna en enkele van Francesco's eigen geschriften werden ook zorgvuldig bewaard. Het boek over hem dat misschien wel het beroemdst is, *De Bloempjes* of *Fioretti*, is anders dan de andere. Het is geschreven omstreeks 1330 en gebaseerd op verhalen die mondeling zijn overgeleverd. Het verhaal van de wolf van Gubbio is er één van.

In 1228 verklaarde Paus Gregorius IX Franciscus heilig en gaf opdracht een kerk te bouwen ter ere van hem.

Twee jaar later werden zijn stoffelijke resten overgebracht naar de nieuwe kerk in Assisi. Deze werd de Basilica di San Francesco genoemd. In de ongeveer honderd jaar daarna versierden beroemde Italiaanse kunstenaars de muren en het dak met prachtige schilderingen, fresco's genaamd, waarvan er een paar het leven van Sint Franciscus uitbeelden.

Helaas werden de beroemde kerk en vele fresco's in 1997 ernstig beschadigd door aardbevingen. Foligno, een stad in de buurt van Assisi, werd voor een groot deel verwoest, onder andere de klokkentoren, waarvan men zegt dat hij dichtbij de plaats heeft gestaan waar Franciscus ooit stoffen van zijn vader en een paard heeft verkocht.

Na de dood van Franciscus werd de naam van de orde van de minderbroeders veranderd in de franciscaner orde. Tegenwoordig zijn er overal ter wereld franciscanen.

Sint Franciscus wordt ieder jaar op 4 oktober (werelddierendag) herdacht.

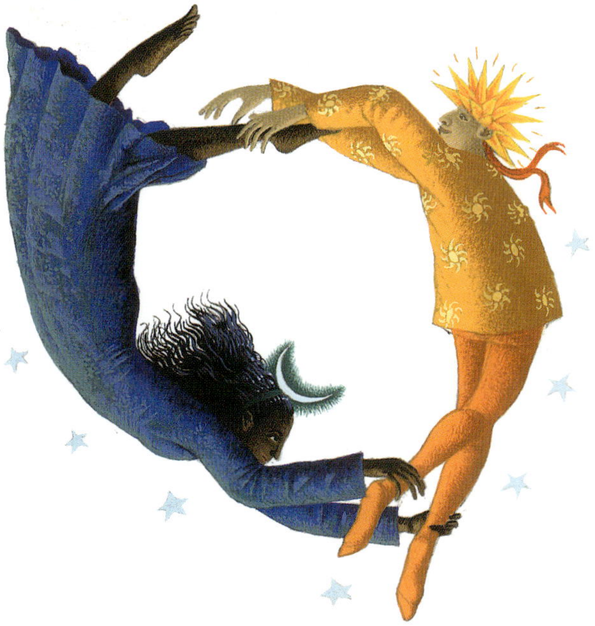